新　自分を磨く方法

ギフト版

スティービー・クレオ・ダービック 著
干場弓子 編訳

Discover
ディスカヴァー

自分を超えよう

アヒルの子どもとして育ったハクチョウの子は、
自分をアヒルだと思い込んでいた。
みんなと違う劣ったアヒルだと思っていた。
もし、ほかのアヒルたちに仲間はずれにされなかったら、
そのハクチョウの子は一生、アヒルで終わっただろう。
自分が本当は、ハクチョウであるとは知らないで。

インドに古くから伝わるヨガの説くところでは、
わたしたち人間が犯す最大の過ちは、
自分で自分を小さくしてしまうことだという。

最新の脳科学は、
わたしたちが通常使っている脳の機能は、
その潜在力のわずか二パーセントにすぎないと推測する。

自分にはまだまだ可能性がある。
きっといまの自分には思いもよらないほどの可能性がある。
「ふつうは」「みんなは」といった尺度では
測りきれない可能性がある。
それを信じた者だけが、自分がハクチョウであることに気づき、
その優雅な姿で、大空へと羽ばたく。

目次

1　限界を設けない

ノミは、あの小さな身体で一フィート以上ジャンプすることができる。ところが、そのノミをビーカーに入れガラス板で蓋をすると、跳び上がってはぶつかるというのを何度も繰り返すうちに、やがて、ガラス板の少し下までしかジャンプしなくなり、それは、ガラス板を取り外しても変わらないという。もう、障害はないのに、小さなビーカーの中で、たかだか数インチのジャンプを繰り返すのだ。自分にはその何十倍もの力があるとは夢にも思わずに。

さて、あなたにとってのガラス板は何だろう？　あなたは、いったい自分の力の何分の一のところにガラス板を置いてしまっているのだろう？　そしてそれは、本当にそこにあるのだろうか？

かつて、人間の百メートル走の限界は十秒だと言われていた。ところが、手動による記録とはいえ、ボブ・ヘイズが一九六三年、九秒九を記録すると、次々に九秒台の選手が現れた。

かつて、水泳百メートル自由形の限界は一分だと言われていた。ところが、ジョニー・ワイズミュラーがその壁を破って約一世紀、いまや世界記録は四十六秒台だ。

自分の可能性に限界を設けてはいけない。たとえ誰が何と言っても、これまで誰があなたに何と言ってきたのだとしても、あなたにはもっと可能性がある。

一生をこのままビーカーの中で過ごすのか？　それとも、可能性を信じてやってみるのか？　さあ、もう一度跳んでみよう。そして、跳び出そう。

あなたが跳び出したとき、きっとほかの人たちもいっせいにあとに続くだろう。

2　可能性の芽を探す

トルコの有名なナスルディンの話をひとつしよう。

ある夜ふけ、ナスルディンが酔って帰ってきたが、家のまわりをぐるぐる回るばかりでなかなか入ってこない。奥さんが目を覚まし、窓から声をかけた。

「どうして、入ってこないの？　鍵を忘れたの？」

すると、ナスルディンは答えた。

「鍵は持ってるさ。でも、肝心の鍵穴がこのドアにはないんだよ」

あなたには無限の可能性がある。でも、いったいどんな？

多くの人が自分の可能性の芽を見つけられないのは、いまの自分のやり方やこれまでの経験や物差しで、それを測ろうとするからだ。それはあたかも、夜ふけに太陽を懐中電灯で探そうとするのに似ている。

あなたが、こうあるべきだと考えているものに、あなたの無限の可能性をあてはめようとしてはいけない。

可能性はいつも、あなたが思っているものの外にある。

3　チャンスをつかむ準備をする

成功した人の足跡を見ると、たいてい、その過程で大きな転機となるチャンスをつかんで、ものにしていることがわかる。そこで、若くして成功した実業家に、これから起業を目指す青年が質問した。

「どうしたら、チャンスをつかめるんですか？」

実業家は答えた。

「常にずっと、それをつかむ努力を続けていることです」

ひとりの農夫が種をまきにいった。いくつかの種は道端に落ちた。すると鳥が来てそれを全部食べてしまった。いくつかの種は石地に落ち、そこは土が深くなかったので、種は、芽を出したものの根を張れずに枯れてしまった。また、いくつかの種はいばらの中に落ちた。すると棘が伸びて種を塞いでしまった。

しかし、そのほかの種はよい土の中に落ちた。種はやがて実を結び、あるものは百倍、あるものは六十倍、あるものは三十倍になった。

これは、至るところにある「真実」に気づくわずかな人が果実を広めていくことのたとえだが、種を「チャンス」とおきかえても十分に真理をついている。

すなわち、チャンスとは、自分ではコントロールできない偶然によるものではなく、努力によって誰にでも手に入れることができるものだということ。そして、至るところにあるが、それが実を結ぶのは、努力して、よい土を用意していた人のもとにおいてだけであるということだ。

もしあなたが土地を耕しもせず、熟した果実が都合よく天から落ちてくるのを夢想しているのだとしたら、そんなことは一生起こらないだろう。

誰のもとにもチャンスは無数に、必ず訪れる。遅すぎることはない。それがやってきたときのために懸命に土を耕し続けよう。

青年が質問した。

「どうしたら、チャンスをつかめるんですか？」

実業家は答えた。

「常にずっと、それをつかむ努力を続けていることです」

一生をこのままビーカーの中で過ごすのか？
それとも、可能性を信じてやってみるのか？
さあ、もう一度跳んでみよう。
そして、跳び出そう。

4　ビジョンを持つ

ある建築現場で働く三人の石切工がいた。何をしているのかと聞かれ、彼らは次のように答えた。

第一の男は言った。「これで生計を立てているのさ」
第二の男は手を休めず言った。「国で一番の石切の仕事をしているんだ」
第三の男は目を輝かせて言った。「国で一番の大寺院を建てているのさ」

まったく同じ作業をしているのにもかかわらず、彼ら三人の目的はいずれも違っていた。

第一の男に見えているのは、あくまで給料である。彼が過ちを犯すことはないだろう。しかし日々同じことを繰り返すばかりで成長はない。

第二の男に見えているのは、石と自分のことだけだ。専門技能を突きつめることには熱心でも、現場全体の中で自分の仕事がどのような意味を持つか、現場は最終的にどのような方向を目指すべきかといったことに関しては、目を向けようとしない。

第三の男に見えているもの、それがビジョンである。彼は常に仕事の意味と目的を考えて日々を過ごしている。**ビジョンがあれば、自分の仕事に価値を見出すことができ、また、たとえ目の前の仕事がうまくいかなくても、ビジョンを共有する仲間と力を合わせて乗り越えることができるだろう。**

人生においても、仕事に関しても、ビジョンを持とう。それが、あなたが物事を成し遂げていくための何よりのエンジンとなる。

さて、あなたがいまやっていることは、あなたの、あるいは、あなたのチームのどんなビジョンにつながっているのだろうか？

5　高い目標を設定する

「ボタンをテーブルの上に立ててください」

と言うと、ほとんどの人が、立てることができない。けれども、

「ボタンをテーブルの上に立てて、その穴に糸を通してください」

と言うと、半分以上の人が、立てることができるという。

ポイントは、ボタンを立てることの先に「糸を通す」という目標があるかどうかの違いだ。

ここから学べるのは、高い目標を設定すれば、それだけ多くの能力を発揮できるということである。

わたしたちは目標を設定するとき、現在の自分の能力に見合った、ほどほどの目標にしがちだ。しかし、ほどほどの目標では、実は本来持っている能力以

下しか発揮することができない。

もし、あなたがもっと能力を高めていきたいのだとしたら、ちょっとむずかしいかなと思うくらいの目標を立てて、それに挑戦していくことだ。それがあなたの能力を引き出し、育てる。そして何より、その過程が人を成長させる。

高い目標を設定しよう。目標達成に向けてベストを尽くそう。多少の苦しさはあるかもしれないが、少しして振り返ってみれば、少し前までは思ってもみなかったことができるようになっている自分に驚くことだろう。

6　優先順位を決める

ひとりの青年が人生や将来に不安を抱えながら、ビーチを散歩していた。すると、遠くの波打ち際の岩に見知らぬ老人が坐っていた。青年が近づいていくと、老人は青年を見上げて言った。

「君が答えを得たいと思っている疑問は何だね？」

青年は答えた。

「しなければならないことがとても多くて、どれを最初にやったらいいのかわからないんです」

すると、老人は、浜辺に落ちていた粗末なガラスの壺を取り上げると、そこに石を詰め始めた。どれも彼のこぶしほどの大きさだった。壺の口までいっぱいにすると、老人は青年に言った。

「この壺はいっぱいか？」

青年はそうだと言った。

老人は黙って頷き、今度はひと握りの小石を拾い上げ、壺に入れた。彼が壺を軽くゆすると、小石は石の間になんなく滑り込んだ。老人は再び尋ねた。

「さあ、今度はいっぱいかね?」

青年は、そうだと答えた。

老人は、次に細かい砂をひと握りつかむと、壺の中に入れた。砂は小石と大きな石の隙間に流れ込んだ。今度はもう隙間なく壺は完全にいっぱいになった。

「さて」と老人は言った。

「最初に砂を入れる過ちを犯す人がいる。そんなことをすると、小石も大きな石も入らなくなる。君の人生も同じだ」

時間とエネルギーをささいな重要でないことに割いてしまうと、本当に重要なこと、幸せに欠かせないことに、それらを割けなくなってしまう。

優先順位を決めることだ。最初に大きな石を——本当に重要なものを入れることだ。砂は放っておいてもいい。

あなたが最初に入れる石は何だろうか。

情熱とは、燃やせば燃やすほど湧いてくる魔法のエネルギーだ。

7　情熱を燃やす

世の中には二通りの人がいる。

一見、何でもないものをも自分の情熱の炎で魅力的に照らし出す人と、自分が情熱を燃やすに値するものを探し続ける人だ。

後者の人は、情熱とは、ろうそくのようなものだと思っているのだろう。くだらないものに夢中になって、自分の大切なろうそくを使い果たしてしまうわけにはいかないと。

しかし、情熱とは、燃やせば燃やすほど湧いてくる魔法のエネルギーだ。何であれ、物事を最終的に動かすのは、情熱だ。

哲学者のラルフ・ウォルドー・エマソンは、

「情熱がなければ、偉大なことは何ひとつ達成できない」

と言った。情熱こそが、平凡なものを非凡な偉大なものとする。

いま、あなたは何かに情熱を燃やしているだろうか？　もしそうでないとしても、心配することはない。**あなたには、情熱がないわけでも、情熱を傾ける対象がないわけでもなく、ただ、情熱の炎の点火の仕方を知らないだけだからだ。**

まずは、いまやっていることに没入する。昼も夜もそのことだけ考える。異性を好きになったときのように。情熱がかき立てられなくてもいいから、かき立てられた状態になりきるのだ。

そうやって、心と身体が燃焼モードに入ったらしめたものだ。あなたの情熱の火の粉が周囲に飛び火して、再びあなたの炎に働きかけるだろう。

忘れてはいけない。何か素晴らしいものがあなたの情熱をかき立てるのではない。あなたの情熱が、それを素晴らしいものにするのだ。

8　最善を尽くす

わたしたちは、仕事やさまざまな活動に、「何を」したらいいのか、成長できるのか、幸福になれるのか、と考える。けれども、成長と幸福という点では、**何をするかよりも、「どのように」するか**、のほうがずっと重要だ。

アメリカの公民権運動指導者として、ノーベル平和賞を受賞したマーティン・ルーサー・キング牧師は言った。

「あなたが道路清掃人なら、最高の道路清掃人になりなさい。ミケランジェロが彫刻をするように、ベートーベンが作曲をするように、シェークスピアが戯曲を書くように、あなたの道路を清掃しなさい。あなたの死後、すべての人たちから『自分の仕事を立派に成し遂げた道路清掃人がここにいた』と言われるくらいに、見事に道路を清掃しなさい」

精魂込めて最善を尽くして行う限り、あなたはどんな仕事、活動からも学ぶことができる。成長することができる。けれども、工夫もなく、言われた通りに、マニュアル通りに、人並みに行うのであれば、どんなに収入の高い仕事であっても、成長はない。

およそ仕事の価値は、その仕事そのものにあるのではない。誰が、どのように、それを行うかによって、その価値が決まる。

何であれ、やると決めたら、そのことに最善を尽くそう。それが、人の尊敬と感動を呼ぶ。そして、何より、あなたに成長と幸福をもたらす。

9　誇りを持つ

その国では、占領した国の高官を捕虜としてとらえると、城壁を磨く仕事をさせていた。それは危険で、もっとも下級の者のする仕事とされていたからだ。城壁を磨く者たちの顔には、「なんで俺たちがこんなことをしなければならないのか。世が世なら……」という不満と羞恥と絶望が、ありありと浮かんでいた。

ある日のこと、その国の王さまの目に、実に楽しそうに城壁を磨く若者の姿が映った。気高くさえ見えた。それは占領した隣の国の王子だった。

やがて、子どものいなかった王さまは、その王子に王位を譲り、いつしか、城壁を磨く仕事は、選ばれた者にのみ許される高貴な仕事となった。

王子とほかの高官たちとの違いは何か？

それが、自分自身に誇りを持つ者とそうでない者の違いだ。

自分に誇りが持てないとき、人は、自分がやっていること、持っているもの、関わる人々によって、それを得ようとする。

すでに自分に誇りを持っている人は、自分がやっていること、持っているもの、関わる人々を誇り高いものにする。

では、王子ではないわたしたちは、どうすれば誇りを持つことができるのか？

自分に恥じることをしないこと、そして、すでに十分に成功した自分が自ら選んで、この仕事をしている、という立場で物事にあたることだ。

その仕事から価値を得ようとするのではなく、すでに十分に価値ある自分が、その仕事に価値を与えている、ということを忘れないようにするのだ。


これは、自己暗示ではない。事実だからだ。

あなたはすでに誇りを持つにふさわしい人間だ。

ただ、多くの人はそれを忘れて、何か特別なことができたり、特別な才能がなかったりしないと誇りを持ってはいけないと思い込んでしまっている。だから、これは、それを思い出すためのレッスンなのである。

自分に誇りが持てないとき、
人は、自分がやっていること、持っているもの、
関わる人々によって、それを得ようとする。

すでに自分に誇りを持っている人は、
自分がやっていること、持っているもの、
関わる人々を誇り高いものにする。

10　動き続ける

二匹のカエルが、牛乳の入ったバケツに落ちてしまった。這い上がろうとしたが、バケツの縁までは高く、壁はつるつるしてどうにもならない。

一方の、あきらめの早いカエルはもう一匹に向かって言った。

「もうだめだ。僕たちはここから出られないよ」

そして目を閉じ、バケツの底に沈んでいって溺れ死んだ。

もう一匹のあきらめの悪いカエルは「いやだ。死にたくない。何とかならないのか」と、とにかく泳ぎ回り、出口を探したり、跳び上がったりしていた。

そうこうするうちに、いつのまにか足元のミルクが固まってきた。かき回された牛乳の表面がバターに変わっていたのだ！

カエルはその上から跳び上がって、バケツから出ることができた。

どんな苦しい状況でも、ときには絶望かと思われるような状況でも、必ずできることはある。

考え込んでいても活路は開けない。立ち止まらずに、動き続けることだ。

そうすれば、思いもかけない可能性が見えてくるものだ。

11　とにかくやってみる

やるかやらないか迷ったら、とりあえずやらないことにするのが、成功しない人。やるかやらないか迷ったら、やってみるのが成功者だ。

やってみれば、失敗することもあるだろう。しかし、少なくとも、この方法は失敗すると知ることができる。一歩前進だ。

失敗を後退することだと考えているとしたら、それは大きな勘違いだ。行動し続ける限り、後退はない。たとえ失敗が続いても、後退はない。

唯一、後退があるとしたら、それは、何もしないことだ。とりあえずやらないことを、前進もしない代わりに後退もしない現状維持だと思っているかもしれないが、それは違う。あなたは現状維持のつもりでも、まわりは動いているのだから、いつのまにか少しずつ後退していく。

もちろん、「これはやらない」と断言できることは、やらなくてよい。でも、もし迷ったら、とにかくやってみよう。

人が後悔するのは、やってしまって失敗したことよりも、やらなかったことについてである。

12　恐怖心と向き合う

昔、遠い国の山奥に、恐ろしい巨人が住んでいた。十フィート（約三メートル）の巨体にもじゃもじゃの赤毛と赤いひげ、そして手には大きな斧。その姿で、毎年、同じ日の同じ時刻に、麓の町の城壁の外に立ち、叫ぶのだった。

「おい、おまえたちの中で一番の勇者を連れてこい。そいつと戦ってやるから。さもないと城壁をたたき壊して、斧で皆殺しにしてしまうぞ」

そこで、毎年、城壁の門がおそるおそる開かれ、ひとりの哀れな勇士が歩み出て、敵と来るべき死に立ち向かっていった。そして、まるで巨人に魅入られたかのように、剣を抜くことすらなく立ち尽くし、その大きなこぶしで叩きつぶされ、斧でこなごなに砕かれてしまうのだった。

ある日、この町にひとりの若い王子がたどり着いた。

「この町の人々はどうしてみな、おどおどと悲しげな顔をしているのだ？」

王子はそばにいる旅人に尋ねた。旅人は言った。

「あなたはまだ巨人を見たことがないのですね」

「巨人だと？」若い王子は興味をそそられた。

旅人は王子に巨人の話をした。

「ちょうど今日が、毎年巨人がやってくるその日です」


やがて日が暮れて、いつものように巨人が現れた。

「おい、町一番の勇者を連れてこい。戦ってやるから」巨人が叫んだ。

「ここにいるぞ」待っていたのは、若い王子だった。彼は門をさっと開くと、勇敢にも一歩踏み出し、巨人を見上げた。

ところが、巨人からはまだずいぶん離れていたにもかかわらず、そのあまりの大きさに、王子はたちまち打ちのめされてしまった。しかし、このまま立ち尽くしても結果は見えている。王子は、ありったけの勇気をふりしぼると、巨人のほうへ歩き出した。剣を構え、その恐ろしい形相から決して目をそむけずに。

突然、王子は気づいた。歩み寄るほどに、巨人が大きく見えてくるのではなく、逆に小さく見えてくるのだ。見えてくるのではない。実際に縮んでいくのだ。

王子がいったん立ち止まって巨人をにらみつけたとき、巨人の背丈は五フィート（約一・五メートル）になっていた。

さらに近寄ってにらみつけた。いまや巨人の背丈はたった二フィート（約六十センチメートル）しかなかった。そうして、王子の剣が届くほどに近づいたときには、巨人の背丈はたったの十二インチ（約三十六センチメートル）になっていた。

王子は剣を構え、巨人の心臓を貫いた。そして地面に伏し死にゆく巨人のそばに屈み込み、尋ねた。

「おまえは誰だ？」

最後の息を引き取りながら、巨人は答えた。

「わたしの名は恐怖です」

恐怖心をなくす方法は、ただひとつ。行動することだ。

プールの飛び込み台で飛び込もうか飛び込むまいか迷っているとき、足は震えても、飛び込んでしまえば、恐怖はない。それどころか、それが快感であることに気づく。

行動を起こせば、恐怖は消える。

行動している人に、恐怖はない。

行動し続ける限り、後退はない。
たとえ失敗が続いても、後退はない。
唯一、後退があるとしたら、
それは、何もしないことだ。

もし迷ったら、とにかくやってみよう。
恐怖心をなくす方法は、ただひとつ。
行動することだ。

13　決断する

「チェシャ猫さん」アリスは、ためらいがちに話しかけた。「お願いだから、教えてくれない？　わたしはここからどっちの道に行けばいいの？」

「それはおまえさんがどこに行きたいか次第だね」チェシャ猫は答えた。

「どこでもかまわないんだけど――」

「それならどっちの道に行ったってかまわないじゃないか」


ルイス・キャロル『不思議の国のアリス』より

目の前に続く二差路。さて、どちらを選ぶべきか――誰でもよく出合う局面だ。

猫の言うことは実に正しい。どこでもかまわないなら、どちらでもいいから行けばいい。ただし、どちらに行ったらいいかわからないからといって、そこに立ち尽くしたままだとしたら、どこにもたどり着かない。

わたしたちは、少しでも正しい選択をしようと大いに悩む。

でも、この世に悪い決断はひとつしかない。それは、決断しないと決めることだ。

決断し続ける限り、たとえ、いくつかの選択が間違っていたとしても、必ず修正することができる。しかし、何も決断しない限り、どこにも進めない。

さあ、勇気を持って決断しよう。あなたが決断し続ける限り、あなたの道は限りなく開かれる。

14　失敗から学ぶ

発明王エジソンは、あるとき新聞記者から次のように質問された。

「あなたは電球を発明するのに一万回も失敗されたそうですね？」

するとエジソンはこう答えた。

「失敗？　わたしは失敗なんてしたことがないよ。うまくいかない一万通りの方法を見つけただけさ」


普通の人だったら失敗と考えるところを、エジソンはひとつのチャンスととらえていたというわけである。このように考えれば、どんな失敗も怖くなくなる。うまくいかない経験をしたら、そこから学んで次に備えればいいだけのことだ。新しい方法を試して、失敗を受け入れることこそが、あなたを成長させる。

あなたがしてはいけないことは、失敗ではなく、失敗をおそれて新しいやり

方を試さなくなることだ。

うまくいかないことに落ち込んだり、あきらめたりする前に、そこから最大限学ぶ努力をしよう。同じ失敗を繰り返さないために、次にできることを考えよう。そして、あなたが信じる方向に再び挑戦していこう。

そうやって、失敗から学んだことは、かけがえのない肥やしとなり、何よりもあなたを大きく成長させる。

15　あきらめない

成功者とは何か？
それは、成功するまでそれを続けた人のことである。
失敗者とは何か？
それは、成功する前にそれをあきらめてしまった人のことである。

わたしたちは、成功者には特別の才能や幸運があると思いがちだ。**でも、もし、彼らに特別な才能があるとしたら、それは、あきらめないで続ける才能だけだ。**

かのアインシュタインは言った。
「わたしは天才ではない。ただ、人より長くひとつのことと付き合ってきただけだ」

さあ、歩き続けよう。ときに、あなたの隣を、あなたより遅くスタートした人がすいすいと駆け抜けていくかもしれない。気にすることはない。とにかく続けよう。絶対に、あきらめないで。

16　夢を持ち続ける

若い一匹の蛾が、頭上のひとつの星に思いを決めた。母親に告げると、彼女は、近くの街灯にしなさいと忠告した。「わたしたちが回るのは、街灯のまわりに決まっているでしょう」

父親も言った。「星を追いかけて、いったい何になるんだ」

でもその蛾は両親の言うことに耳を貸さなかった。夕闇が訪れ、星が輝き始めると、蛾は毎日のようにその星を目指して飛び立ち、明け方ごろ、空しい努力に疲れ果ててふらふらと戻ってくるのだった。

ある日、父親が言った。「おまえ、まだそんなことをやっているのか。もう、おまえのようなやつは勘当だ！」

それでも蛾は星を目指すのをやめなかった。家を出て、何光年も離れたその星に向かってひたすら飛び続けた。来る夜も、来る夜も。

やがてたいそう年老いた蛾は、もう星まで飛んでいくことができないのを知った。しかし、心は満たされていた。本当に星まで行ってきたような気がしていた。彼はその話を若い蛾たちに話しては聞かせた。彼の喜びは深く、いつまでも続いた。

大人は若い人に「夢を持て」と言う。「大きな夢を持て」と。ところが、一方で、その夢をつぶしにかかるのもまた大人たちだ。「そんな夢みたいなことを考えて、人生を台なしにするのか」と。

確かに、あなたの夢や願望のすべてが必ずしもかなうとは限らない。しかし、夢に向かうその過程には、何もしないでその夢をあきらめてしまう中では決して得られなかった喜びがある。

17　夢中で働く

果たして天職など、あるのだろうか？

その答えは、果たして運命の人などいるのだろうか？に対する答えと同じだ。

あなたが、「この人こそ運命の人だ」と思えば、そうなのだろうし、「これこそ天職だ」と思えばそうなるのだろう。

好きになる能力のない人は、たとえ結婚まで至ったとしても、相手のことを本当には好きになれない。同様に、どんな仕事をしていても、その仕事を本当に好きになることはない。


つまり、本当に好きな仕事を見つける方法はただひとつ、いまやっている仕事を好きになることである。すると、不思議なことに、その仕事の過程で、さらに好きな仕事に出合ったりすることも起こる。いままでやってきたことが無駄なのではなくて、そうやって、仕事の幅が広がっていくのである。**ただひとつの天職を探し続けるのではなく、何をやっても、「ひょっとしたら、これがわたしの天職かもしれない！」と夢中になってしまう**のが、幸福なあり方だ。

では、どうしたら、仕事を好きになれるか？　それは、どうしても好きになれない異性を好きになるのよりはずっと簡単だ。とにかく一定期間は夢中で働くことである。何らかのゴールを立てるとよいだろう。そして、たとえ単純作業であっても、もっとうまくできる方法はないかと考える。

そうしていけば必ず、どんな仕事でも楽しめる境地に達することができる。

本当に好きな仕事は、その境地に達してから選んでも決して遅くはない。

成功者とは何か？
それは、成功するまでそれを続けた人のことである。

失敗者とは何か？
それは、成功する前に
それをあきらめてしまった人のことである。

18　完璧を目指さない

小説家を目指す青年がいた。あるとき、格調高い文学雑誌から原稿を求められ、張り切ってタイプライターに向かった。ところが、一行も書くことができない。締切の前夜は一睡もせずにがんばったが、何も書けないまま、朝を迎えてしまった。原稿をとりにきた編集者はげっそりとやつれた青年の顔を見て驚いた。一行も書けていないと聞いて、編集者はこう言った。

「それは困った。これまでに書いたものは何かないのかい？」

「いくつもありますが、みんな満足のいかない、失敗作ばかりです」

「とにかく、見せてくれないか」

編集者は青年の差し出した「失敗作」の山にさっと目を通し、一編を選んで持っていった。「あんなものが雑誌に載ったら、自分は小説家になるどころか、恥をさらし、もう二度と小説を発表できることはないだろう」と青年は悔やみ、自殺すら考えた。
ところが、その作品は掲載されるや絶賛を浴び、青年は一躍有名作家となったのである。

わたしたちはともすれば**「完璧」を目指そうとするが、それは幻想だ。**ときに、何もしないでいるための言い訳にもなる。完璧など目指していては、何もできなくなってしまう。完璧を目指してひとりであれこれ悩むより、むしろ、自分のできる限りのことをして、あとは他人の評価を聞き、それを活かして向上していったほうがいい。

完璧でなくてもいい。できる限りのことをやってみよう。成功はその積み重ねの先にある。

19　違う方法でやってみる

第一章
わたしは通りを歩く
歩道に深い穴がある
わたしは落ちる
途方に暮れる
これはわたしのせいじゃない
そこから出るには気が遠くなるほどの時間がかかった

第二章
わたしは同じ通りを歩く
歩道に深い穴がある

わたしは見えないふりをする
もういちど落ちる
またこの場所にいるなんて信じられない
だけどわたしのせいじゃない
そこから出るには今度も長い時間がかかった

第三章

わたしは同じ通りを歩く
歩道に深い穴がある
わたしは見る
それでも落ちる
これは習慣だ
わたしは目を開いている
どこにいるのかわかっている

これはわたしのせいなんだ
わたしはすぐに穴から出る

第四章
わたしは同じ通りを歩く
歩道に深い穴がある
わたしは穴をよけていく

第五章
わたしは違う通りを歩く

――ポーシャ・ネルソン（一九八五年）

不思議なことにわたしたちは、同じことをしては、同じ間違いを犯す。それでも同じことを繰り返す。まるで、どこかに至るのに、道はたったひとつしかないかのように。

「同じことを繰り返していながら、違う結果を期待するなんて、気が狂っているとしか言いようがない」と言ったのは、アインシュタインだ。

あきらめないで続けることは必要だ。なんとしても、目的地に向かい続けることは必要だ。しかし、**そこに至る道は、ひとつではない。**一歩下がって、あたりを見回してみれば、まったく新しい道が見えてくるはずだ。

20　自ら変化する

少しでもいままでと違うことをするのは誰でも怖い。でも、そうして、同じことを繰り返していてもいずれ変わることが求められる。状況は、日々刻々と変化しているからだ。あなたの中の細胞が、毎日生まれ変わっているように。

それでも、たいていの人が変わることに対してたいへんな抵抗を示す。もし、それを受け入れてしまったら、これまでやってきたことを否定されるように感じてしまうからだ。そうして、どうにもこうにもならないような大きな問題が生じてから、あたふたと一大改革をすることになる。

変わることが怖くなくなる方法は、変化をこちらからとりにいくことだ。状況の変化に合わせるのではなく、こちらから状況を変化させていくことだ。

問題が生じてから変わろうとするのではなく、うまくいっているときこそ、自ら変えていく。少しずつでいいから、毎日新しいことをする。次の大きな変化を計画して、準備する。

ピーター・ドラッカーは、「生きることとは変わり続けること」と言った。自分から変化を創り出していくとき、それが決して怖いことではなく、生きる喜びそのものであることを実感するだろう。

21　変化を受け入れる

百科事典の出版販売を行っている老舗出版社の経営陣は、人々はきれいな装丁の数千ドルもする全集を求め、リビングに飾ることをステイタスと考えていると思っていた。

彼らは、ほかの会社が百科事典を初めてCD－ROMにして三百八十五ドルで販売したときに、何もしなかった。またマイクロソフト社のオンライン百科事典が、マルチメディア機器込みの百ドルで入手できるようになったときも、売上げが落ちてゆくのを黙って見ていた。

一年もしないうちに、その老舗出版社は倒産し、百科事典ビジネスは売りに出された。彼らは新しいオーナーのもとで、無料のオンライン情報サービスを広告方式で始めたが、時すでに遅く、ブランドは損なわれてしまった。

はたから見ていたら、こう思うに違いない。どうして老舗出版社の経営陣は手遅れになる前に気づかなかったのか、と。しかし当事者である彼らは、最後まで自分たちに起こっている変化を受け入れることができなかったのである。

ある哲学者は言う。

「変化しないことには痛みが伴う。変化にも痛みが伴う。どちらか自分を成長させるほうを選べ」

痛みをおそれるあまり変化することから逃げ続けるようなことは、もうそろそろ終わりにしよう。**変化を受け入れることができれば、その先には、わくわくするような未知の領域が待っている。**そしてあなたは思うはずだ。変化は必然だったのだ、と。

22　逆境を喜ぶ

カリフォルニアの研究者たちが、アメーバの育つ条件を調べるため、アメーバの一群を二つの異なるタンクに半分ずつ入れた。

第一のタンクでは、水の温度、水位、その他諸々、注意深くモニターし、成長に必要な完璧な条件になるよう調えた。

一方、第二のタンクに入れられたアメーバは常に変化にさらされ、暑さ寒さの極限に置かれた。

さて、どちらのタンクのアメーバが長生きしたか？

驚いたことに、早死にしたのは、第一のタンクの、快適な環境に置かれたアメーバだった。

研究者たちは、次のように結論づけた。

あまりに居心地よい環境にいると、よどみや腐敗が生じる。一方、努力を強いられたり、周囲に馴染むことを余儀なくされることは、成長を促進する。

あなたは、すべての条件が調ったらうまくいく、と思っているのかもしれない。しかし、むしろすべての条件が調っていないいまの状況をこそ喜ぶべきだ。

ただし、耐えなくてもいい逆境にわざわざ自らをおとしめることはないが図らずも、もし逆境にさらされたら、そのときは、喜んで迎えよう。そして、対処しよう。思い通りでない環境に感謝する日がきっと来る。

変化しないことには痛みが伴う。
変化にも痛みが伴う。
どちらか自分を成長させるほうを選べ。

痛みを怖れるあまり
変化することから
逃げ続けるようなことは、
もうそろそろ終わりにしよう。

23　イエスと言う

わたしにもチャンスがあればとは、よく聞くセリフだが、そう言ってこぼす人に限って、自らチャンスを拒んでしまっている場合が少なくない。

たいていの場合、チャンスというのは、思いもかけない形でやってくる。それも、自分には荷が重いのではないかと思う大きさで。しかし、自分の想像を超え、いまの自分のレベルを超えるものだからこそ、チャンスなのだ。それを、「やったことがない」「できるかどうかわからない」といった理由で辞退する人がいるとは信じられないことだ。

もし、新しい挑戦を提案されたら、すぐさま「イエス」と言おう。どうやってやるかは、あとから考えよう。自分に向いているかどうか、できるかどうかなんて、やってみなければわからない。やり始めてから考えても遅くはない。

えてして、人の才能は、そのようにして開かれていく。**人は、挑戦して初めて、そこにも自分の才能があったことに気づくのだ。**

もちろん、理不尽な要求にまで、「イエス」と言う必要はない。しかし、それが自らの尊厳を損なうものでない限り、イエスと言おう。新しい挑戦の機会を喜んで頂戴しよう。

そして、いったんイエスと言ったら、まずは、とことんやってみよう。あなたには、あなたが思っていた以上の、そしておそらくは、あなたに新しい挑戦を提案した人が想像していた以上の才能があったことに気づくだろう。

24　成功するイメージを持つ

まわりの人と良好な人間関係を築き、仕事の上でも成功していくための秘訣がある。それは、心の中にポジティブなイメージを持つことだ。

アメリカの社会学者が、有名企業のトップ経営者など世の中で成功している人と、失業した人や貧困に苦しんでいる人に調査をしてみると、両者にははっきりとした違いがあったという。

すなわち、成功している人は、何をするときも、心の中に自分がそのことをうまく成し遂げ、成功するというイメージを持っていたのに対し、成功していない人は「これはうまくいきそうもない」「自分はダメだ」といったネガティブなイメージを持っていたというのだ。

どうだろう。あなたは、ときに失敗している自分の姿を思い浮かべていないだろうか。

人は、自分が想像した通りの自分を実現する。何かをしようとするときは、自分がすでにそのことをうまく成し遂げて、喜んでいるところをイメージしよう。それもできるだけ具体的に、まわりの情景や聞こえてくる音、匂いなど、五感が感知している状況をすべて想像するのだ。具体的であればあるほど、実現する度合いは高まる。

「自分は成功すると思おうが、成功しないと思おうが、それは一〇〇%正しい」

ヘンリー・フォード（フォード・モーターズ創業者）

さて、あなたはどちらを思うだろうか。

25　ポジティブな言葉を使う

「最近、どう？」

「まあまあですよ」

これはよくある会話だ。

だいたい、どんなにうまくいっているときでも「うまくいってる？」と聞かれると、多くの人が、「ええ、まあまあ」と答える。「すごくうまくいっています」と答える人は滅多にいない。年齢が高くなるにしたがい、その傾向は増す。同様に、「すごく楽しいです」「最高です」という答えもあまり聞かない。**それが、わたしたちが常に「まあまあ」の幸福しか得られない理由だ。**

確かに、「すごく楽しい」「最高にうまくいっています」などと言うより、ちょっともったいぶって「まあまあですね」と答えたほうが賢そうに見えるだろう。

それに「最高にうまくいっている」と言っておきながら失敗したら恥ずかしいし、いつも「すごく楽しい」などと言っていたら、人の妬みを買うかもしれない。

とまあ、理由はいろいろあるだろう。そうやって、現在の幸福を犠牲にしてでも将来の不幸に備える人生をお望みなら、それもいたしかたないだろう。

しかし、もし、あなたが「まあまあ」ではなくて、「最高に」幸福な毎日を望むなら、どうか試してみてほしい。

「最近、どう?」

「とっても楽しいですよ」

人は、話している言葉通りになる。人生は、その人の使う言葉によって形づくられる。ポジティブな言葉を使っていれば、人生もポジティブなものになる。

26　自分にかける言葉を大切にする

紙を出して、こう書いてみよう。そして、声に出して読んでみよう。

「わたしはバカだ」

次に、こう書いて、声に出して読んでみよう。

「わたしは美しい」

ただ、書いて読んだだけなのに、前者の場合は胸がちくちくし、後者の場合は胸がすずやかになるのを感じるはずだ。言葉は、これほどの力を持っている。


さて、あなたは、ふだん自分にどんな言葉をかけているのだろうか？

自分を大切にするということは、自分にかける言葉を大切にすることである。

人を大切にするということは、その人にかける言葉を大切にすることである。

自分にかけてもらいたい言葉を人に言おう。そして、自分自身にも。

どうやってやるかは、あとから考えよう。
自分に向いているかどうか、できるかどうかなんて、
やってみなければわからない。
やり始めてから考えても遅くはない。

27　ネガティブな感情を許す

誰でも、怒りや嫉妬を感じることがある。

もし、そういう感情におそわれたとしたら、その自分を許すことだ。いつも元気で明るく楽しい人でいなければならないなどと考える必要はない。いずれにしろ、そんなことはできないのだから。

もし、自分がアシモフのＳＦ小説に出てくるヒューマノイド・ロボットのように、**嫉妬も怒りも感じなかったとしたら、と想像してみよう。**実に味気ない毎日ではないだろうか。


怒りも嫉妬も、喜びと同じように、わたしたちの人生そのものだ。生きている実感そのものだ。そう思って、怒りや嫉妬をいだいている自分を許すことだ。

そして、それが通り過ぎるのを待つ。

ネガティブな感情を持ち続けるということに関しては、自分が案外持続力に欠けていることに気づくだろう。

ネガティブな感情は、それ自体がよくないものなのではない。そうした感情にとらわれ続けてしまうこと、つまり、感情に、自分という船の舵をとらせてしまうことが危険なのだ。そして、舵をとらせない方法のひとつが、そういう感情をいだいている自分を許すことなのである。

28　運命に責任を持つ

運命というのは、自分の力ではどうしようもないものだと思っていないだろうか。確かに、天変地異や戦争など、個人の力ではどうしようもないものに人生が翻弄されてしまうこともある。

しかし、まったく同じ状況の中でも、人によって人生の方向、幸福感に違いが出てくるのもまた事実だ。

よくないことが起こると、それは自分の力ではどうしようもなかった運命だと思いたくなる気持ちはよくわかる。しかし、その中の多くは、ほかならぬ自分が引き寄せているもの、選択しているものであることを認めよう。

すると、素晴らしい恩恵がある。つまり、いいことを引き寄せる力もまた、自分にあることに気づくことができるのだ。では、どうすればいいのか？

「自分の考えに気をつけよう。それは言葉になる。
自分の言葉に気をつけよう。それは行動になる。
自分の行動に気をつけよう。それは習慣になる。
自分の習慣に気をつけよう。それは人格になる。
自分の人格に気をつけよう。それは運命になる。」

フランク・アウトロー（米国の実業家）

かくして、人は思っている運命を手にする。
さあ、いいことを考えよう。素晴らしいことを考えよう。
それが、あなたの運命を決定する。
わたしたちは、自分で自分の運命を素晴らしいものにしていくことができるのだ。

29　視点を変える

地面を這う蟻は、それまで動く巨木だと思っていたものが、実は、象の足であったことを木に登り高い枝から見下ろして初めて知る。視点を変えることによって、これまで見えていたのとはまったく違う世界が広がることがある。

これは、あなたが、自分の置かれた状況や自分自身を見るときの視点についても同様だ。まったく同じ状況にあっても、それをどういう視点でとらえるかによって、世界は百八十度違って見える。

ここに、水が半分入ったコップがある。それを見て、ある人は「半分しかない」と言い、ある人は「半分もある」と言う。

あなたは、あなたの置かれた状況やあなた自身について、ふだんどちらの見方をしているだろうか？

いま、あなたの目に見えているこの世界は、すべてあなたが選んだ視点によって選ばれ、見えているものなのだ。あなたが「半分しかない」と思おうと、「半分もある」と思おうと、事実は変わらない。けれども、あなたにとっての世界は大きく違う。あなたが感じる幸福感、成功感は大きく違うのだ。

どうせだったら、自分にとってよい見方をしたいとは思わないか？

事実は変えられなくても、視点を変えることによって、あなたの人生の質はよりよいものに変えられる。

30　思い込みから脱出する

ハリー・フーディーニはアメリカの有名な脱出王だった。その芸があまりにも洗練をきわめてしまったので、絶対に開かない箱や檻や水樽や、厳重な鍵のついた複雑きわまる防犯システムがあったら自分に知らせてほしいと、あちこちに挑戦状を出すようになった。

イングランドのある銀行に「侵入不可能」とうたわれた金庫があった。そこで彼らはフーディーニに接触し、金庫に入ったあと中から出てきてごらんなさいと言った。

フーディーニがその挑戦に抗えるはずがない。彼は即座にイングランドへ渡った。そして、金庫に閉じ込められたフーディーニは、いつもの方法を順に試し始めた。こちらには長年かけて編み出した究極の脱出術がある。絶対に鍵を開けられると確信していた。

ところが一時間もたつと、フーディーニは焦り始めた。考えられる手はすべて試し尽くしたのに、どれもうまくいかないのだ。大汗をかきながら、彼はがむしゃらに鍵と格闘し続けた。しかし何をやっても、鍵はびくともしない。

そのまま、二時間が過ぎ、フーディーニはとうとう疲れ果ててしまった。そして、思わず金庫の巨大な扉に寄りかかったところ……なんと、その扉が動き、さっと開いたではないか。

扉には最初から鍵がかかっていなかったのだ！

もし、あなたがいまの状況から脱したいと思っているのなら、まずは、自分の思い込みを変えることだ。鍵は決してかかっていない。

31 考え続ける努力をする

あなたのまわりには、いわゆるアイデアマンと呼ばれる人がいないだろうか。その人のような発想力や創造力があったらと思ったことはないだろうか。

「天才とは九十九パーセントの努力と一パーセントのひらめきだ」とは、有名なエジソンの言葉だが、その一パーセントのひらめきがほしいと思ったことはないだろうか。

いまや古典的名著となった『アイデアのつくり方』で、ジェームズ・W・ヤングは、「アイデアとは既存の要素の新しい組み合わせである」と言っている。

ひらめきとか創造力などというと、あたかも何もないところから新しいものを生み出す特別な才能のように思いがちだが、神ならぬわたしたちが無から有を生み出すことはない。科学の発見から、音楽、芸術、広告の企画まで、すべては、すでにあるもの——知識、知恵、情報の新しい組み合わせによるものなのだ。

リンゴが木から落ちるのを見て万有引力の法則を着想したとされるニュートンは、その着想を称えられたとき、こう答えたという。「**誰だって、何年も何年も四六時中、そのことばかり考えていたら、思いつくよ**」

誰でも、優れた発想力や創造力を持つことができる。もちろん、世紀の大発見でなくていい。レポートのテーマ、新しい商品企画、何でもいい。テーマが決まったら、まず、できるだけたくさんの異分野の情報、知識、経験を集める。そして、いつもいつもテーマのことを考え続けるのだ。発想力の豊かな人とは、こうしたトレーニングを習慣的に行っている人なのである。

つまり、**一パーセントのひらめきもまた、努力によって磨かれる。**あなたの中の創造力も、あなたによって磨かれるのを待っている。

32 約束を守る

自分に自信を持てる最高の方法がある。

それは、約束を守ることだ。

人との約束、自分との約束。約束を守れているとき、人は自由で輝いている。約束を果たせないでいるとき、人は、不機嫌で、どこかおどおどしているか、不自然に虚勢を張っているか、どちらかだ。

もし、自分を元気にする必要を感じるときがあったら、自分で自分に小さな約束をして、それを守ってみることだ。

朝六時に起きる。約束の五分前に到着する。期限の一日前にレポートを提出する。小さな約束でかまわない。まずは、自分との約束を決めて、それを守る。

週に二回筋トレをする、売上げ成績でトップになるなど、いきなり大きな約束をして、かえって自分を信頼できなくなるようなことのないように。だいじょうぶだ。小さな約束を積み重ねていけば、やがて、大きな約束を果たせるようになる。

自信は、守ってきた約束の数に比例する。大きさではない。

約束を守れているとき、人は自由で輝いている。
約束を果たせないでいるとき、
人は、不機嫌で、どこかおどおどしているか、
不自然に虚勢を張っているか、どちらかだ。

小さな約束でかまわない。
まずは、自分との約束を決めて、
それを守ることだ。

33　常によいことを考える

昔、インドのある町に古い寺院があった。その寺院は、信者たちが、毎月、賽銭箱に入れる金貨によって維持されていた。

ある日のこと、ひとりの信者が考えた。「一度だけ銅貨を入れよう。誰にもわからないだろう」。それで、その日は、賽銭箱に銅貨を入れた。

ところが、その日の終わりに、信者たちがみなで箱を開けると、すべてが銅貨だった。金貨は一枚も見つからなかった。みなが銅貨を入れていたのである。

思考は、伝染する。常によいことを考えている人は、まわりの何百人もの人によい考えをさせることができる。反対に、常に悪いことを考えていると、まわりの何千人もの人に悪い考えを起こさせることになる。

もし、あなたのまわりに、よこしまなことを考える人が集まっているとしたら、それはあなた自身にも原因があるのかもしれない。まわりの人の行動を力ずくで変えるのはむずかしいが、あなたがよいことを考えるだけで、それは伝わっていく可能性がある。

自分自身のために、悪いことよりはよいことを考えるべきだとは多くの人が思っているだろう。しかし、それは、あなただけの問題ではないのだ。あなたのまわりの人のためにも、よいことを考えよう。

常によいことを考えている人は、
まわりの何百人もの人に
よい考えをさせることができる。

まわりの人の行動を力ずくで変えるのはむずかしいが、
あなたがよいことを考えるだけで、それは伝わっていく。

34 嘘をつかない

誰でも多かれ少なかれ心当たりがあるだろうが、嘘をつくと人生は重苦しいものになる。それはなぜか。

1 ひとつの嘘をつくと、それを覆い隠すためにさらに嘘をつかなければならなくなる。

2 つじつまを合わせるために、前についた嘘をいつまでも覚えていなければならなくなる。

3 嘘がいつばれてしまうだろうかと不安にさいなまれる。

4 周囲の人に対してうしろめたい思いがして、堂々とできない。

5 自信を持って行動できなくなる。

6 嘘は癖となり、無意識のうちに嘘をつくようになって、周囲の人たちから信用されなくなる。

このほかにも、嘘をつくと人生がつらくなる理由は数多く挙げられるだろう。

そもそも嘘をつくのは何らかの危機を逃れるためだったはずなのに、これではかえって大きな危機を招き寄せてしまうようなものだ。**嘘をつかず、正直に生きるほうがずっと安心だ。**そして、何より爽やかな気分でいられる。目的に向かって自信を持って進んでいくには、爽やかな気分でいることが不可欠だ。

嘘はやめよう。あなた自身のために。

35　間違いを認める

人は、自分がしてしまった失敗や間違いによって、自分を評価してしまうものだ。だから、できれば人に知られたくないと思う。何かや誰かのせいにしてしまいたいと思う。だから、人に対してはもちろん、自分自身に対しても間違いを認めるには勇気がいる。

でも、あなた以外の人は、あなたが犯した間違いや失敗ではなくて、あなたがそれにどのように対応するかを見ている。それによって、あなたという人を無意識のうちに評価している。間違いを認めることは勇気のいることだというのを知っているから、間違いを自ら進んで認める人は、非難されるどころか、むしろ尊敬される。信頼できる人だと思われる。

間違えてもいい。ときには誤った方向に進んでしまってもいい。ただ、それに気づいたら、すぐにそれを認めよう。必要なら正直にまわりに伝えよう。そして、二度と同じ間違いだけは繰り返さないと誓おう。自分にもまわりにも。

それは、確実にあなたの自信となる。あなたという人間を大きく気高いものにしていく。

36　他人を変えようとしない

たいていの人は、多くのことをよかれと思ってやっている。正しいと思ってやっている。だから、それに従わなかったり、反対したりする人がいると、当然、間違っているのは相手だと感じる。なんとか相手を「改善」しなければと思う。

ここで問題なのは、相手もまた、そう思っている、ということだ。

もし、あなたの目的が、力ずくでも相手を従わせることにあるのなら、相手を変えようと全力を尽くすのもいいかもしれない。しかし、もし相手といっしょに何かを成し遂げようとするなら、あるいは相手を成長させたいと願うなら、それはいい方法とは言えない。なぜなら、たとえ表面的にはあなたに従ったように見えたとしても、本当には、相手は変わらないからだ。

北風と太陽の寓話を思い出してほしい。旅人のコートを力ずくで脱がせることはできなかったが、相手に自分から脱がせることはできた。

人は、他者を変えることはできない。唯一、人が変わる瞬間があるとしたら、それは、その人が自分で変わろうと思ったときだけなのだ。

もし、あなたが、相手との関係やチームの状態を変えたいと思ったら、まず、あなた自身が変わることだ。人は、外から他者によって変えられることはできないが、自分で内側から変わることはできるからだ。自ら変わろうと思うことで。

あなたが変わることで、相手もまた何かを感じ、自分で変わろうと思って変わることは大いにありうる。人が人に影響を与えるとは、そういうことである。

37　外見を磨く

人は初対面の相手の印象を、たった四秒のうちに判断するという。

この第一印象は、後々まで大切となる。なぜならば、人はいったん相手に悪い印象を持ったら、それをなかなか修正しようとはしないからだ。

つまり、外見は内面と同じか、あるいはそれ以上に重要なのである。

ある女性管理職の話をしよう。彼女は、男性のエグゼクティブたちが自分の意見に耳を貸さないことに悩んでいた。男性たちの反応は当然だった。彼女の着るものといえば、フェミニンな印象のかわいらしい服ばかりだったからだ。

彼女の夫は見かねて威厳あるスーツを二着購入し、彼女に贈った。以後、彼女を取り巻く世界は一変した。エグゼクティブたちは彼女の発言に耳を傾けるようになり、彼女は昇進を重ね、二年で給料が倍になったのだ。

これが、女性に限った話でないのは言うまでもない。恋愛での成功と同様、ビジネスでの成功にもまた、外見の印象が大切なのである。

見た目さえよければよいと言っているわけではない。最終的にあなたが成功するかどうかは、やはりあなたの中身にかかっていることは確かだ。しかし外見で損をしていては、相手と付き合いを深め、内面や実質を相手に伝える機会そのものを失うことにもなりかねない。

重い腰を上げて、外見を磨こう。それは自分を磨くための重要な方法のひとつである。

38　よい生活習慣を持つ

この本では自分を磨き成長する方法を紹介しているが、すべての根幹になるのは健康だ。自分の健康には自分で責任を持たなければいけない。健康を保つために、よい生活習慣を身につけよう。

身体の状態は人によって異なるが、ここでは多くの健康な人への調査による、共通した生活習慣を紹介しておく。

1　**毎日、六～七時間の睡眠をとる**……就寝時刻は夜十二時前がいい。また、就寝時刻と起床時刻は一定にしておくのがいい。

2　**朝食をとる**……朝食をとることで脳が働き始め、一日をスタートさせることができる。

3　**バランスのとれた食事をする**……肉よりも魚、また、野菜が多い食事を心がける。

4　**水を飲む**……医師から水分摂取を制限されていない健康な人ならば、一日二リットルの水を飲む必要があるという。水は体内の有害物質を排出する効果もある。

5　**歩く**……一週間に三回、最低二十分間は歩く。身体的に健康になるだけでなく、歩くのは精神的にもいい。

6　**笑う**……笑うと免疫力が高まることは医学的に実証されている。

39　学び続ける

学ぶというのは、学生時代だけのことではない。人生の長さを考えれば、むしろ学校を卒業してから努めて学び続けなければ、向上は望めない。

直接仕事に役立つ知識や技能を学ぶのはもちろんのこと、仕事とは関係がない分野の読書を心がけるなど、学ぶべき範囲には限りがない。

有名な大企業の社長たちに愛読書を問うアンケートを行うと、ビジネス書や時事的な本は少なく、古典文学や歴史書、哲学書、自然科学書などが上位を占めているのに驚かされる。彼らはそのように幅広い読書から経営の知恵を得ているのだ。さらに、学ぶのは書物からだけではない。さまざまな講演会や勉強会に参加することも役に立つ。

いずれにしても、学ぶためにはある程度の時間を確保することが必要だ。朝早く起きたり、通勤時間を勉強にあてたり、寝る前に時間をとったり、工夫しなければならない。一日の時間の使い方を見直せば、無駄にしている時間が必ずある。そんな時間を学習に回すことだ。

しかし一方、学ぶために時間が必ずしも必要条件ではないのも事実である。多くの成功者は、書物などからと同様、人からも学んでいる。ときに自分よりずっと目下の者などからも。人に限らない。彼らはあらゆる機会を通じて学び続ける。**自信のある人とはまた、常に学び続ける謙虚さを持ち続ける人のことでもある。**

何からでも、ほんの少しずつでも学び続けよう。一年、二年と続けるうちに、何倍も大きな結果となって返ってきていることを実感できるに違いない。

40　手を抜かずに続ける

米や野菜を収穫しようと思ったら、自然の法則に従わねばならない。種をまき、苗を育て、雑草を抜く。田を耕して、水をやり、陽に当てる。そうして季節が移りゆくのを待って、ようやく収穫することができる。

成功への道のりも同様だ。**実際に成功を手にする人が、それを望む人々の一部でしかないのは、多くの人が成功を簡単に手に入れようとして、その過程のどこかで手を抜いてしまうからだ。**

夢の実現や目標の達成も、ビジネスの成功も、あるいは人としての成長も、そのプロセスは変わらない。日々の地道な努力の積み重ねがあって、初めてそれらを手に入れることができるのだ。

マクドナルドの創業者レイ・クロックはこう言っている。

「私は一夜にして成功したと思われているが、それは三十年という長い長い夜だった」


手を抜くことはたやすいが、それは必ず最後の成果に反映される。取り返しのつかない過ちにつながることにもなるかもしれない。それよりもあなたを成長させるために、すべての過程を着実に歩もうではないか。

日常の努力を大切にしよう。あなたなら、それができる。

41　人一倍努力する

天才と言われる人は、努力をいとわない。彼らは飽くなき探究心を持って物事に臨み、そしてそれを成し遂げる。

言い換えれば、どれほど才能があったとしても、それを活かすための努力をしない人のところには、成功は決して訪れない。才能とは、努力を惜しまずに続けることのできる力である。

自分には生まれながらの才能がないとか、あいつの天賦の才能にはかなわないなどと言って嘆く人がいる。**しかしたいていの場合、その人に足りないのは、努力する才能なのだ。**

より秀でた成果を得たいとき、または人が到達していない領域に乗り出すとき、それを成功させるためには、人一倍の努力をもって取り組む必要がある。

こう言うと、とてもたいへんなことのように聞こえるが、しかし物事をとことんきわめようとする追究心は、誰でも本来持ち合わせているはずだ。

人一倍努力できる人になろう。努力できる人こそが、才能のある人なのだ。

42 過去の見方を変える

もし、あのときうまくいっていたら。もし、あのときあんなことがなければ。もし、もっと違う人に出会っていたら——誰にでも、あまり触れたくない、触れられたくない過去の一つや二つはあるものだ。

ここで、多くの人が言うのが、「起きてしまったことは変えられない。将来のことを考えなさい」ということだが、これは、半分正しくて、半分間違っている。

確かに、起きてしまった事実は変えられない。けれどもその見方は変えられる。

もともとわたしたちは、事実そのものを体験しているのではない。事実の解釈を体験している。別の項でも述べているように、コップに水が半分しかないと解釈することも、半分もあると解釈することもできるのだ。

あなたにとって思わしくないその出来事、その人との経験に、ほかの見方はできないだろうか。正しいか正しくないかではない、あなたがもうその出来事にとらわれなくてもすむ見方がないか、ということだ。

もし、過去の経験を新しい見方で、違うものにすることができたら、あなたは、未来はもちろん、過去をも変えることができるのだ。

43　許す

男は、いまや天国へのエレベーターに乗ろうとしていた。エレベーターのドアが開き、一歩足を踏み入れた。ところが、そこでブザーが鳴った。

「どうしたんだ？」エレベーターの中に機械的な音が響いた。

――当エレベーターは一人乗りです。重量オーバーです。

「俺一人しか乗っていないぞ！」

――背中に背負った人たちを降ろしてください。

男は慌てて後ろを振り返った。でも、誰もいない。

「どういうことなんだ⁉」男は叫んだ。すると、今度は声が変わって、さとすように言った。

――あなたが許していない人たちが、あなたの背中に乗っています。その人たちを降ろしてあげない限り、あなたは昇っていくことはできません。

誰でも、これまでの人生でどうしても許せない人に出会っているだろう。つらい人がうまくいかないことを願ってしまった経験は誰にでもあると思う。

もし、それらのうちの何人かについて、ふだんは忘れていても、何かの拍子に思い出すと、いまでも当時のように、深い悲しみにとらわれてしまったり、むらむらと怒りの感情が湧いてきたり、ちくちくと後悔の念におそわれてしまうのだとしたら、それは、決して過去の人々ではない、いまもそこにあって、現在のあなたに影響を与えている。

たとえ、彼らがどれほど理不尽なことをあなたにしたとしても、そろそろ彼らを許してやることだ。あなた自身のために。彼らに伝える必要はない。**ただ、彼らの人生がうまくいくことを祈ってやるのである。**そうでないと、あなたが高みに昇れない。

そしてもし、どうしても許すことができないとしたら……どうしても彼らを許すことのできない自分自身を許すことだ。

44　他人のために力を使う

政府の要人を護衛するSPは、凡人にはとうてい真似のできない勇気を持って、襲撃者から要人を守る。さぞや怖いものなしの腕自慢かと思いきや、彼らでも、ひとりで物騒な夜道を歩くときには、緊張し、恐怖を感じるのだという。SPとして、任された人を守っているときには、恐怖は感じない。ところが、自分で自分を守るときには、やはり人並みに怖いというのだ。

シートン動物記に、わが子を救うために滝壺に飛び込んだ母熊の話があったが、思いもかけない力を発揮するのは、わが子を守るためのときだけとは限らない。人は、他人のために力を使おうとするとき、最高の力を発揮する。

そして、この「他人」というのは、必ずしも、チームのメンバーや家族であるとも限らない。世の中のため、社会貢献のために力を使う人もいる。そこにあるのは、熱い使命感だ。人は、何かのため、誰かのため、という使命感を持ったとき、途方もない力を発揮する。

この本のタイトルは『新 自分を磨く方法』だが、**自分を磨く最良の方法は、いったん「自分」から離れ、他人のために何ができるかに目を向けることである。**使命感を持って、自分以外のもののために力を使うとき、あなたは、自分がそれまで考えていた自分の枠を大きく超えていることに気づくことだろう。

45 自分だけよくなろうとしない

わたしたちの身体をつくっているのは、およそ四十兆とも言われる細胞である。一つひとつの細胞が生きている。その生きた細胞が集まって、わたしたち一人ひとりの生命が「生きて」いる。

生きている、ということは、それらの細胞が生きている、ということであり、細胞が生きていることが、その集合体であるわたしたちが生きている、ということだ。

つまり、一つひとつの細胞から見れば、それが生きていくためには、それが存在する身体という「場」が生きていることが必須の条件となる。

そんなことは当たり前だと思うかもしれないが、身体という「場」を破壊してでも、自分だけ生き残ろうとする細胞も存在する。癌細胞だ。癌細胞は、自らの増殖のために、身体を破壊する。

で、その先は？

もし、あなたが自分だけ得をしたい、自分だけ楽をしたい、自分だけ偉くなりたいと思っているとしたら、その試みは、いずれ挫折に終わるだろう。自分たちだけ利益を得ようとして、結局は崩壊していった企業の例を出すまでもない。**個人であれ、組織であれ、成功を阻害する方法は、ただひとつ、自分だけよくなろうとすることである。**

自分を取り巻く「場」に貢献すること、全体がよくなるために力を使うこと、それが、遠回りに見えても、あなたが永続的によくなり続ける唯一の道だ。

46 人の可能性を信じる

彼は、学校でも評判の出来の悪い子どもだった。教師たちは、とうに彼に勉強を教えるのをあきらめ、とうとう、ある日、校長先生が両親に言った。「このままでは、息子さんは将来、ろくな大人になれないでしょう」

それを聞いた父親は息子を叱ったが、母親は違っていた。息子の才能に気づかない無能な教師たちに激怒し、ただちに息子を退学させると、自ら勉強を教え始めた。

やがて、彼、トーマス・エジソンは、世界の発明王として、いまもなおその名をとどろかすことになる。

自分の可能性を信じる人を前にして、その期待に応えたいと願わない人は少ない。**たとえ時間がかかったとしても、あなたが可能性を信じていれば、その**

思いは、いつかは相手に伝わる。そしてそれが、その人が自分で自分の可能性に気づいていく力になる。

もし、あなたが誰かの能力をもっと引き出していきたいと思うなら、そのためにあなたがまず行うべきは、その人の可能性を信じることである。そして、その可能性に向けて働きかけることだ。あなたがあなた自身の可能性を信じていくように。

それは、あなたにとっても、自分のさらに新しい可能性を引き出していく過程となるだろう。

47　愛情を表現する

あなたが愛情を持っていたとしても、それを表現しないのだったら、それはないのと同じだ。ここで、間違ってはいけないのは、愛を語るだけが、愛を表現することではないということだ。**愛を語るのではなく、愛から語るのだ。**

言うまでもなく、ここで言う愛は、男女の愛に限ったものではない。親子の愛に限ったものでもない。でも、たとえ家族の間でも、愛情を直接言葉で語ったり、行為で示したりするのは、なかなかいつもできることではないだろう。しかし、愛から話す、愛から行動することなら、できるはずだ。家族に限らず、職場でも、見知らぬ人にも。

愛は、情熱に似ている。表現すればするほど、豊かになっていく。そして、周囲に伝染する。

ひょっとしたら、誰か愛すべき人が現れたら、愛すべき事柄が見つかったら、それを愛そうと思っている人もいるかもしれない。でも、そうではない。「愛する」行為に、愛する気持ちがついてくるのだ。

だから、愛情を表現しよう。愛から話そう。愛から見つめよう。愛から考えよう。愛から行動しよう。

あなたが愛情を持っていたとしても、
それを表現しないのだったら、
それはないのと同じだ。

愛は、情熱に似ている。
表現すればするほど、豊かになっていく。
そして、周囲に伝染する。

48　人生の目的について考える

南の島にバカンスでやってきたビジネスマンが、ある朝浜辺を散歩していた。そのうち、地元の男が一人、ヤシの木陰で寝そべっているのが目に入った。ビジネスマンはその男に近づき、話しかけてみた。

「君は仕事がないのかね？」

男は目を開き、にっこり笑うと言った。

「いやあ、朝早く漁に出て、もう、ひと仕事終えたんですよ」

ビジネスマンは驚いた。

「えっ！　まだ朝の十時だよ。これで仕事は終わりかい？」

「二、三時間漁をすれば、一家五人が食っていけるくらいは魚をとれるんでね。あとはこうしてのんびりしているんです」

「でも、一日働けば、それだけお金を稼げるだろうに」

男はビジネスマンに尋ねた。

「それじゃあなたは毎日、どのくらい働いているんですか?」

「朝の八時にはオフィスにいて、それから夜の十一時くらいまで仕事だね。週末も、二日のうち一日は働いているよ」

「なぜそんなに働くんです?」

ビジネスマンは内心、いかにも南国人らしいこの怠け者の男に、勤勉ということの価値を教えてやろうと考え、熱のこもった口調でこう言った。

「働けば、それだけ評価が上がって、給料も上がる。わたしは二十年間懸命に働いてきたから地位も収入も十分になった。だからこうやって、南の島に来てのんびりできるわけさ」

すると男はこう言った。

「南の島でのんびり、ならわたしは生まれたときからやっていますよ。二十年あくせく働かないと実現しないなんて、あなたがたはお気の毒なことですね」

あなたの人生の目的は何だろう？　一度じっくりと考えてみるときだ。それは案外、シンプルなものかもしれない。ひょっとしたら、もうすでにあなたが手にしているものかもしれない。

いま持っているものに感謝しよう。
いまの自分の境遇に感謝しよう。
失ってから気づくのでは遅すぎる。

49　いまあるものに感謝する

アメリカの作家ワイルダーのOUR TOWNは、全世界で繰り返し上演されている芝居だ。

舞台は、どこにでもある平凡な小さな町の、どこにでもいる平凡な家族。主人公の若い女性は平凡な恋をして結婚して子どもを産む。ところが産後の肥立ちが悪く、二十歳の若さで死んでしまう。そして、生者の世界から死者の世界へと旅立つそのときに、この芝居のまさにテーマである感動的なセリフが語られるのだ。

「わたしは気がつかなかった。あんなに素晴らしかったのに。時を刻む時計の音、ママが育てたヒマワリ、あったかいお風呂の匂い、アイロンをかけたばかりのドレス……それらがどんなに素晴らしいものだったのかって……」

人はたいてい、失って初めて持っていたものの価値に気づく。視力を失って初めて見えることの素晴らしさを、聴力を失って初めて聴こえることの素晴らしさを、若さを失って初めて青春の素晴らしさを、病に倒れて初めて健康であることの素晴らしさを。

いま持っているものに感謝しよう。いまの自分の境遇に感謝しよう。失ってから気づくのでは遅すぎる。命あるうちに、いま自分にできることに向かって一歩を踏み出そう。

50　自分の可能性に気づく

昔、ある村に一代で成功した男の大きな屋敷があった。庭には草原が広がり、きれいな小川も流れていた。ある日、その男を旅の僧侶が訪れて言った。

「東の遠い国にはダイヤモンドという輝く石があり、その鉱山を見つければ、いまの屋敷を何十個も買うことができますよ」

それを聞いて男は、ダイヤモンドがほしくてほしくてたまらなくなり、さっそく旅に出た。行けども行けどもダイヤモンドは見つからない。しかし、男はあきらめなかった。少しずつ家屋敷を売っては、何年もの間、旅を続けた。そして、とうとう一文なしになってしまった男は、異国の果ての海岸で命尽きた。

さて、かつてその男が住んでいた屋敷の新しい主人が、庭を歩いていると、小川の川面の輝きが少しゆがんでいるところがあるのに気がついた。見ると、川底に、人の頭ほどの大きさの透明に輝く石が転がっている。彼は、これは美しいと拾い上げて、客間の暖炉の上に飾った。

ある日のこと、年老いた旅の僧侶がやってきた。客間でお茶をふるまうと、暖炉の上の石を見つけて言った。

「とうとう、あの男は見つけたのですね！」

新しい主人は、僧侶に話を聞いて初めて、その石の価値を知った。そして、小川の下の広大なダイヤモンド鉱を手にしたのである。

誰の中にも、偉大な可能性が秘められている。

人は、それを外に探そうとする。自分の外に。自分のまわりの人の外に。自分のチームの外に。自分の組織の外に。自分の社会の外に。

しかし、**目の前にある宝物に気づかない人が、どうしていまここにない宝物に気づくことができるのだろう。**

あなたの中の宝物を探そう。
誰の中にも、発掘され、
磨かれることを待っている可能性がある。

参考文献

恐怖という名の巨人の話（12 恐怖心と向き合う）
Margaret Parkin, “*TALES FOR TRAINERS*”

蛾と星の話（16 夢を持ち続ける）
Jame Thurber, ‘*The Moth and the Star*’, “*FABLES FOR OUR TIME*”

道の穴に落ちる詩（19 違う方法でやってみる）
Portia Nelson, “*Autobiography in Five Short Chapters*”

女性管理職の話（37 外見を磨く）
John T. Molloy, “*NEW WOMEN'S DRESS FOR SUCCESS*”

ダイヤモンドを見つける話（50 自分の可能性に気づく）
Russell H. Conwell, “*ACRES OF DIAMONDS*”

新 自分を磨く方法

発行日 2017年11月10日 第1刷

Author スティービー・クレオ・ダービック
Translator 千場弓子

Book Designer 平林奈緒美 + 星野久美子（PLUG-IN GRAPHIC）

Publication 株式会社ディスカヴァー・トゥエンティワン
〒102-0093 東京都千代田区平河町2-16-1平河町森タワー11F
TEL 03-3237-8321（代表）
FAX 03-3237-8323
http://www.d21.co.jp

Publisher 千場弓子
Editor 大山聡子 渡辺基志

Marketing Group Staff 小田孝文 井筒浩 千葉潤子 飯田智樹 佐藤昌幸 谷口奈緒美 古矢薫 蛯原昇 安永智洋 鍋田匠伴 榊原僚 佐竹祐哉 廣内悠理 梅本翔太 田中姫菜 橋本莉奈 川島理 庄司知世 谷中卓 小田木もも

Productive Group Staff 藤田浩芳 千葉正幸 原典宏 林秀樹 三谷祐一 大竹朝子 堀部直人 林拓馬 塔下太朗 松石悠 木下智尋

E-Business Group Staff 松原史与志 中澤泰宏 中村郁子 伊東佑真 牧野類

Global & Public Relations Group Staff 郭迪 田中亜紀 杉田彰子 倉田華 鄧佩妍 李瑋玲

Operations & Accounting Group Staff 山中麻吏 吉澤道子 小関勝則 西川なつか 奥田千晶 池田望 福永友紀

Assistant Staff 俵敬子 町田加奈子 丸山香織 小林里美 井澤徳子 藤井多穂子 藤井かおり 葛目美枝子 伊藤香 常徳すみ 鈴木洋子 内山典子 石橋佐知子 伊藤由美 押切芽生 小川弘代 越野志絵良 林玉緒

Proofreader 文字工房燦光
DTP 株式会社RUHIA
Printing 株式会社厚徳社

ISBN978-4-7993-2177-5